LIDERANÇA

Adote Habilidades Eficazes Para Influenciar,
Comunicar E Tomar Decisões

(Como Fazer Sua Equipe Produzir Mais E Melhor)

Ricky Eller

Traduzido por Daniel Heath

Ricky Eller

Liderança: Adote Habilidades Eficazes Para Influenciar,
Comunicar E Tomar Decisões (Como Fazer Sua Equipe
Produzir Mais E Melhor)

ISBN 978-1-989837-58-0

Termos e Condições

De modo nenhum é permitido reproduzir, duplicar ou até mesmo transmitir qualquer parte deste documento em meios eletrônicos ou impressos. A gravação desta publicação é estritamente proibida e qualquer armazenamento deste documento não é permitido, a menos que haja permissão por escrito do editor. Todos os direitos são reservados.

As informações fornecidas neste documento são declaradas verdadeiras e consistentes, na medida em que qualquer responsabilidade, em termos de desatenção ou de outra forma, por qualquer uso ou abuso de quaisquer políticas, processos ou instruções contidas, é de responsabilidade exclusiva e pessoal do leitor destinatário. Sob nenhuma circunstância qualquer, responsabilidade legal ou culpa será imposta ao editor por qualquer reparação, dano ou perda monetária devida às informações aqui contidas, direta ou indiretamente. Os respectivos autores são proprietários de

Aviso Legal:

Termos de Responsabilidade:

Índice

Parte 1

Introdução

É uma suposição comum, sobretudo no agressivo mundo empresarial, que ser um líder é uma posição de prestígio. Vem, naturalmente, com algumas regalias: autoridade sobre outros, aumento salarial, benefícios adicionais na organização e, possivelmente, um escritório de esquina. Ascender a uma posição de liderança no trabalho pode certamente ser considerado algum tipo de marco de carreira e realização.

Na realidade, é bastante traiçoeiro igualar os indicadores externos de liderança com sucesso. Liderança é muito mais do que o título e os privilégios que a acompanham. Ter que liderar os outros é uma posição de grande responsabilidade, e requerdeterminados traços de personalidade para que uma pessoa se torne, não apenas uma autoridade competente, mas também um líder efetivo e, portanto, bem respeitado.

Como está prestes a aprender, uma liderança excelente não é um simples traço de personalidade mítica com a qual algumas pessoas parecem ter nascido. A liderança é uma habilidade que pode ser aprendida e aperfeiçoada. Existem alguns fatores que poderãocapacitar certas pessoas a ser melhores líderes do que outras, mas essencialmente qualquerum pode treinar-se para vir a ser um líder melhor.

Neste livro será guiado através dos passos que pode dar a fim de ser um líder melhor, tomando medidas para fazer melhorias em vários aspetos de sua personalidade, caráter e mentalidade. Você vai descobrir o que realmente significa ser um grande líder, os hábitos que pode cultivar para melhor liderar a si mesmo e aos outros, e os padrões de pensamento que o podem estar atualmente a travar. Acima de tudo, trabalhará na construção de uma maior autoconfiança, que é a base para uma liderança efetiva.

Embora a maioria das orientações aqui oferecidas seja voltada para melhorar a sua eficácia na liderança num ambiente de trabalho, vai descobrir que essas habilidades são aplicáveis tanto na sua vida pessoal como profissional.

Capítulo 1

Definição de Liderança

Uma definição básica muito direta de um líder é uma pessoa com seguidores. Ser um líder coloca-o, naturalmente, numa posição em que diz aos outros o que fazer, mas há uma grande diferença entre um líder efetivo que é respeitado pelos seus seguidores, e um líder apenas por título. Antes de poder aprender a tornar-se um bom líder, vamos começar por entender o que constitui uma boa liderança.

Ser um Líder vs. Ser um Chefe

Apesar de associarmos frequentemente a liderança a ser um chefe, a noção não podia estar mais longe da verdade. Chefes são simplesmente pessoas que têm autoridade sobre uma equipa de trabalhadores a seu cargo, enquanto os líderes aspiram a evidenciar o melhor dos seus seguidores. Considere a seguinte comparação de líderes e chefes:

Líder	Chefe

• Desenvolve e capacita outras pessoas para quesobressaiam	•Instrui outras pessoas a completar tarefas
• Motiva os outros a serem a sua melhor versão	• Define regras e instruções paraaqueles a seu cargo seguirem
• Reconhece e celebra o sucesso como sendo um esforço de equipa	• Fica com o crédito das conquistas da equipa
• Faz planos impulsionados por uma visão de excelência	• Faz planos para a realização de uma tarefa
• É respeitado, apreciado e valorizado pelos seguidores	• É obedecido (às vezes temido e ressentido) pelos seguidores
• As pessoas trabalham com o líder	• As pessoas trabalham para o chefe

Redefinindo o que significa Liderar

Sendo a liderança comummente associada à autoridade, qualidades como inteligência, adaptabilidade e assertividade geralmente vêm à mente como sendo importantes para o desenvolvimento de habilidades de liderança. Embora exista alguma verdade nisso, essa percepção da liderança competente é limitante e ultrapassada.

As atitudes no mundo do trabalho estão em mudança, com as empresas a tornarem-se menos estruturadas e os papéis de trabalho tradicionais a tornarem-se mais obscuros. Como tal, a dinâmica superior-subordinado convencional é cada vez mais vista como rígida, ineficiente e ineficaz. Isto exige um afastamento da liderança corporativa autoritária em prol de um estilo mais igualitário e transformador. Vários estudos realizados por importantes publicações de negócios mostraram que as empresas que se esforçam em inspirar, incentivar e desenvolver os funcionários tendem a ter colaboradorescom melhor desempenho.

Em suma, liderar de forma efetiva significa capacitar outras pessoas a crescerem e ultrapassarem seus melhores desempenhos pessoais. Para fazer isso, é preciso primeiro ignorar os indicadores externos que se esperam de um líder, e focar maisno desenvolvimento pessoal do indivíduo.

Capítulo 2

Hábitos de Líderes Altamente Eficazes

Os grandes líderes fazem-se, não nascem. De facto, a liderança efetiva decorre do acúmulo de bons hábitos pessoais que promovem certas qualidades num indivíduo, permitindo-lhe inspirar e guiar os outros para voos mais altos. Em essência, qualquer um pode aprender a tornar-se um líder competente. Começa com uma decisão consciente de cultivar certas formas de pensar e fazer as coisas, que são então praticadas até que se tornem comportamentos automatizados.

Começa Consigo!

Antes de ter a capacidade de liderar competentemente os outros, tem que primeiro ser o seu próprio líder e assumir as rédeas da sua própria vida. Como exemplo, vamos olhar para a história de Carl, o limpador de janelas:

O Carl tem 50 anos de idade e é um dos guardiõesdum edifício comercial que abrigava algumas das mais prestigiadas empresas de leis, tecnologia e negócios da cidade. Ao longo de mais de uma década nesse emprego, ele conservou um registo consistente de pontualidade e assiduidade todas as manhãs- excetopor algumaemergência familiar ocasional ou baixa médica. Visto que ele não mostra ter medo de alturas, foi encarregue de limpar as grandes janelas de vidro do 20º andar. Todos os dias, como um relógio, Carl limpava as mesmas janelas três vezes; de manhã, depois do almoço e antes de ir para casa. Ele garante que as janelas estão impecáveis, porque é o seu trabalho. Ele faz isso compreendendo como é importante para os negócios que operam no edifício a projeçãode uma imagem elegante para os visitantes. A rotina de limpeza de Carl está tão enraizada que ele nem sequer tem que pensar sobre isso. Ao longo dos anos, a sua ética de trabalho chamou a atenção de outros guardiões que então começaram a imitá-lo.

A história de Carl demonstra como é ser o seu próprio líder. Ele não tem uma equipa de pessoal que respondem perante ele, nem o seu trabalho é glamoroso. Contudo, Carl entende que ele tem um papel a cumprir e um propósito a servir – por muito pequeno que esse propósito possa ser no grande esquema das coisas. Assim, ele tomou essa responsabilidadesobre si para dar diariamente o seu melhor no trabalho, liderando pelo exemplo e inspirando outros a seguir o processo. Carl é, portanto, um líder.

A moral da história é que, independentemente de sua posição na escada corporativa-ou onde você está na vida, de modo geral – as habilidades de liderança ser-lhe-ão sempre proveitosas.

O Plano de Ação de Liderança Pessoal

Por esta altura, já deve ter uma ideia básica das qualidades que contam para uma boa liderança. A chave é recordar que tornar-se um líder eficaz é uma escolha, mas envolve ação da sua parte para cultivar os hábitos e a mentalidade exigidos.

Segue-se um plano do que quererá incorporar na sua vida diária ao aspirar ser um líder melhor. Certifique-se de que segue os exercícios de pensamento simples ao longo do trajeto. Passe algum tempo a pensar sobre eles, e pondere anotar os seus pensamentos, de modo a torná-los mais concretos. Para além disso, sinta-se livre para revisitar qualquer um dos pontos aqui mais tarde, se necessário.

1. **Acredite em e seja apaixonado pelo que faz.**

Líderes eficazes inspiram outros a acompanhá-los porque têm genuína paixão e entusiasmo pelo que fazem. Sua paixão vem da crença de que estão a agregar valor à vida dos outros. Se sente que o seu trabalho é insignificante e que é facilmente substituível, ajudaria adotar uma "perspectiva de imagem maior" e reconhecer que você tem um serviço para oferecer.

Exercício

Considere o seu atual cargo e as suas responsabilidades. Como é que o desempenho do seu trabalho afeta as operações diárias da organização como um todo? Se o seu trabalho fosse suprimido, como é que isso impactaria as pessoas (clientes e usuários) que a empresa atende?

2. **Defina os seus valores fundamentais e viva de acordo com eles.**

Alguma vez fez escolhas que conduziram a um sentimento irritante dedesconfortodo qual não se conseguia livrar?Provavelmente sentiu-se assim porque inconscientemente sabia que as decisões que tomou eram contra os seus valores fundamentais e o que você realmente acreditava ser certo.

Quando as ações de alguém estão em desacordo com a sua ética, o nosso subconsciente ficapreenchido por sentimentos de culpa e cautela, impedindo pensamentos que conduzem à produtividade e ao sucesso, qualquer que seja o empreendimento. No entanto, quando os nossos pensamentos e ações estão alinhados com os nossos valores pessoais e ética, a nossa consciência permanece limpa. Além disso, vamos granjear mais confiança das pessoas quando estas sentem a integridade nas nossas palavras e ações.

Exercício

Pense num momento do passado em que tomou uma decisão ou fez algo de que não se orgulhou, e que tenha assombrado a sua consciência. Examine porque isso o fez sentir-se mal. Foi porque foi contra o seu código de ética pessoal? Alguém ou algo ficou comprometido ao longo do processo? O que teria feito de diferente se pudesse voltar e fazer tudo de novo? Como pode garantir que não repetirá este erro novamente no futuro?

3. Mantenha uma perspetiva positiva. Nem sempre temos controlo sobre o que acontece em nossas vidas, mas o que temos *sempre* é o controlo sobre como escolhemos reagir-lhe. Alguém com uma perspectiva positiva olha sempre para o lado positivo das coisas. Para além disso, o otimismo é contagioso, e as pessoas naturalmente querem estar perto daqueles que elevam o seu estado de espírito quando as circunstâncias parecem menos desejáveis.

Exercício

Pense em pelo menos uma situação em que tentou realizar uma tarefa, mas o resultado não saiu tão bem quanto esperava. Quais são as coisas boas que saíram da situação? Pode ser uma bênção disfarçada inesperada, uma lição aprendida ou uma nova descoberta que foi capaz de fazer.

4. Conheça os seus pontos fortes e como os pode utilizar.

Todos são bons em algo, seja uma competência técnica ou pessoal. Talvez você seja mais conhecedor e experiente em determinados assuntos do que outros à sua volta. Saber como aproveitar os seus pontos fortes dá-lhe uma vantagem sobre os outros, tornando-se assim uma parte valiosa de uma equipa.

Exercício

Quais são as competências técnicas e pessoais que desenvolveu ao longo da vida? Pode ter uma competência técnica, como desenho, escrita ou matemática. Talvez seja bom em manter as coisas organizadas, ou talvez seja um conversadornato. Faça uma lista dos seus pontos fortes e pense em como eles vêm a calhar no trabalho, e em sua vida quotidiana. Onde poderia utilizar os seus talentos de forma mais plena?

5. **Disponha-se a admitir as suas fraquezas e aprenda com os erros.**

Ninguém é perfeito, e os líderes mais bem-sucedidos não receiam o fracasso – eles reconhecem humildemente as suasfalhas e aprendem com os seus erros. Uma das chaves para uma liderança eficaz e respeitável é a disposição de um líder para comunicar as suas fraquezas, de modo a que aqueles que se destacam em tarefas específicas possam ser nomeados para a equipa.

Exercício

Já listou os seus pontos fortes, agora anoteos seus pontos fracos. Quanto à fraqueza que listou, o que pode fazer para a minimizar ou melhorar? Recorde um momento em que as suas fraquezas resultaram num resultado menos desejável para uma determinada tarefa. Se tais circunstâncias se repetissem, como poderia ter lidado com eles de outra forma?

6. Aprenda a mostrar, não a dizer.

Os melhores líderes são aqueles que ensinam pelo exemplo. Não vai conseguir inspirar admiração e respeito se nãofor capaz de sustentar as suas reivindicações com ações pró-ativas.

Exercício

Que valor acredita que aporta para a sua equipa ou empresa? O que gostaria que a sua equipa ou colegas de trabalho melhorassem? Como pode trabalhar na modelagem dessas qualidades, numa base diária?

Capítulo 3

Seja um Líder no Trabalho

As suas competências de liderança são muitas vezes postas à prova quando está encarregue de dirigir uma equipana realização de um projeto. Se não tiver experiência de estar ao leme, a responsabilidade de estar no comando pode ser intimidante. Essa experiência, no entanto, é uma ocasiãofantástica para o crescimento pessoal e profissional. Assim, deve encarar a oportunidade de liderar como um teste de caráter. Afinal, não sabe do que é realmente capaz até que encara o desafio.

Siga estas diretrizes de liderança para o ajudar a trabalhar eficazmente com a sua equipa:

1. Conheça a sua equipa

Todos, inclusivamentevocê, têm os seus pontos fortes e fracos. A chave é criar uma sinergia onde os pontos fortes e as capacidades de todos os elementos de uma equipa se complementam para atingir um objetivo comum. O reconhecimentodo que cada indivíduo tem para dar, possibilita a realização de planos e a delegação tarefas de forma eficaz.

2. Tenha uma visão clara.

Sendo o encarregado, o seu trabalho é traçar um caminho claro para a sua equipa seguir, a fim de alcançar os seus objetivos comuns. Antes de conseguir ter toda a gente a bordo, precisa de definir de forma inequívoca e objetivaaquilo que pretende atingir. Uma vez estabelecido distintamente o seu alvo ou metas, encontre tempo para compartilhá-lo com todos os envolvidos. Explique os 'porquês' e os 'comos' de sua visão, indique os benefícios que receberão em troca, e certifique-se de que todos estão em sintonia.

3. Estabeleça objetivos realistas.

Ter uma visão-uma ideia clara do destino para o qual se dirige -é apenas metade doque necessita para realmente lá chegar. O próximo passo é mapear a sua jornada. Defina prazos e marcos **específicos** que sejam realistas para todos os envolvidos. Em seguida, formule um plano de ação para alcançar os seus objetivoscom o qual todos se consigam comprometer. Ter um roteiro sólido para um objetivo norteia a equipa e assegura àequipa que estão sob a orientação de um líder competente.

4. Envolva todas desde o início

A maneira mais eficaz de fazer com que todos compartilhem a mesma visão é envolver toda a equipa desde o primeiro dia. Em vez de definir instruções para eles seguirem, a equipa trabalhará consigo no processo de planeamento, antes de passar à concretização. Realize reuniões onde todos são convidados a contribuir com as suas opiniões, ideias e sugestões. Incentive a comunicação aberta e peçaum retorno honesto sobre as suas próprias ideias. Mais importante ainda, esteja aberto à mudança. Estar aberto ao *feedback* mostra que valoriza cada membro da equipa, e que está disposto a aceitar críticas construtivas.

5. Comunique e escute.

Ser um líder eficaz inclui ser um bom comunicador e ouvinte. Em primeiro lugar, precisa de ser capaz de comunicar claramente as suas visões, metas, expectativas, intenções e pontos fortes aos outros. Para além disso, precisa de ouvir o que os outros elementos da sua equipa têm a dizer. Nada faz com que as pessoas se sintam mais valorizadas e, por sua vez, motivadas a dar o seu melhor do que quando sentem que são ouvidas. As competências de comunicação também incluem a capacidade de entender o que é comunicado não verbalmente, para que se possa criar um ambiente de trabalho harmonioso e uma dinâmica de equipa cooperante.

6. **Seja respeitoso e trate todos como seu par.**

Respeito gera respeito. Ninguém suporta ser desmoralizado, insultado e menosprezado. Como líder, promova uma atitude respeitosa dentro da equipa, especialmente nas suas interações diárias. Acima de tudo, deixe claro que todos na equipasãojogador iguais, e deve ser mostrado respeito independentemente da idade ou qualquer outro fator.

7. Mantenha a comunicação construtiva.

Uma comunicação calma e construtiva é a marca registada de um bom líder. Torna-o mais acessível, e cria um ambiente calmo onde todos se sentem confortáveis ao expressar as suas opiniões. Evite fazer comentários paternalistas, depreciativos e negativos, e garanta que tais modos de comunicação não sejam utilizados entre os outros membros da equipa.

8. Dê crédito quando é devido.

Um líder não seria nada sem os seus seguidores. Então, tome tempo para reconhecer o esforço e celebrar os marcos de sucesso em equipa. Dê elogios porum trabalho bem feito, e vai-se surpreender com o que a sua equipaconsegueconcretizar. Uma equipa feliz é uma equipa produtiva!

9. Seja transparente.

Transparência significa deixar todos entrarem em tudo. Esta prática pode minimizar a política do escritório, a tensão dentro da equipe, e os negócios secretos. A transparência deve começar com o líder a implementar e a manter uma política de abertura e honestidade entre todos os envolvidos. Isso significa que ninguém está isento de certas regras nem é favorecido por privilégios às escondidas dos outros.

10.Capacite as pessoas e incentive a criatividade.

As pessoas ficam motivadas a dar o seu melhor quando se sentem valorizadas e apreciadas pelosseus contributos. Muitos dos maiores líderes da história são mantidos em alta consideração porque reconheceram e aproveitaram o potencial dos seus seguidores. Além disso, lembre-se que todos intervêm no resultado de um projeto. Então, porque não deixar que todos sejam seus próprios líderes, incentivando-os a tomar conta do que eles foram designados a fazer?

Capítulo 4

Construir a Confiança para Liderar

A autoconfiança é a pedra angular da liderança. Portanto, o desenvolvimento da confiança merece atenção especial. Não devendo ser confundida com assertividade e arrogância, a confiança num líder inspira sentimentos de segurança e confiabilidade entre os seguidores. As pessoas confiam num líder em quem podem confiar para os guiarao sucesso. Felizmente, como muitas qualidades que contribuem para uma liderança efetiva, a confiança em si mesmo é um comportamento aprendido.

Pode ter encontrado pessoas que têm mais autoconfiança do que outras. Isso pode ser devido a vários fatores – a sua educação, situação de vida pessoal, *status* social, aparência física e experiências anteriores. No entanto, qualquer pessoa pode tomar conta de sua autoestima. Ao prestar atenção e melhorar uma série de aspetos de si mesmo, pode melhorar tremendamente a sua autoconfiança. Aqui está um exercício de reforço de confiança de seis passos para que faça isso. No entanto, tome nota de que construir confiança não é algo que pode ser feito da noite para o dia, nem há correções rápidas. É um processo gradual e continuado.

1. Pratique a autoaceitação.

A base da autoconfiança é sentir-se confortável na sua própria pele, sabendo que tem aptidões, talentos e capacidades que podem ser valiosas. É, portanto, tempo de parar de se subestimar e de minimizar as suas competências. A autoaceitação é a base para sentir confiança, e apenas chegando a um acordo com quem você é, incluindo as falhas, pode fornecer uma base sobre a qual melhorar. Como verá nas etapas subsequentes, todos os exercícios irão somar-se para ser capaz de melhorar a sua autoaceitação. Por agora, basta entrar na mentalidade de aceitar totalmente quem você é, e abraçar a sua singularidade.

Exercício

No capítulo 2 listou os seus pontos fortes e fracos (se ainda não o fez, faça-o agora!). Reconheça as suas fraquezas, mas concentre-se nos seus pontos fortes. Então, afirme a si mesmo que tem o suficiente do que é necessário para ser o seu próprio líder, e que você é suficiente.

Criar um mantra pessoal, e use esta afirmação sempre que precisar de uma sacudidela na autoconfiança. Pode ser tão simples como dizer a si mesmo: "Eu posso fazê-lo!"; ou lembrando-se do que é realmente capaz: "Eu sou um programador de computador competente. Faço este trabalho há quase uma década e continuo a melhorar. " Qual é o seu mantra?

2. Trabalhe na sua autoimagem.

O que sentimos por nós mesmos tem muito a ver com a forma como nos vemos. A forma mais rápida para mudar a forma como se vê é melhorando o fator mais percetível – a sua aparência física. Há alguns aspetos da nossa aparência que não controlamos e que só podemos aprender a aceitar, como a nossa altura e as características faciais.

Felizmente, podemos mudar várias coisas que nos entristecemna nossa aparência, sem recorrer a medidas drásticas, porque a maioria relaciona-se com escolhas no estilo de vida. Devemos ter em mente que fazer o esforço para melhorarmos a nossa aparência não deve ser equacionado com conformismo. Não está necessariamente a tentar encaixar nos padrões de belezada sociedade e dos meios de comunicação; apenas tem como objetivo estar no seu melhor, de modo a sentir-se bem consigo próprio quando está à frente do espelho.

Exercício

Faça uma avaliação honesta de sua aparência. Quais são as suas melhores características e o que o desagrada? Então, pense em maneiras realistas e saudáveis nas quais pode alterar o seu estilo de vida, que por sua vez conduzam a uma melhoria da sua aparência exterior e da sua autoimagem. Esteja também consciente do que pode ou não mudar.

Formule um plano de ação que beneficiará seu corpo, mente e espírito. Entre as coisas que você pode fazer são:

- Inicie um novo programa de exercícios físicos
- Pratique um desporto novo
- Mude o seu penteado
- Mude a forma como usa a sua maquilhagem
- Aprenda a vestir-se melhor
- Comece umarotina de cuidados da pele mais adequada
- Adote hábitos alimentares mais saudáveis
- Seja mais consistente com seus hábitos de cuidados pessoais e de higiene
- Vá para a cama um pouco mais cedo

3. Aprenda a ser honesto consigo próprio.

Viver fiel a si mesmo significa deixar o seu eu autêntico brilhar, mesmo quando as suas crenças e opiniões estão em desacordo com as da maioria. Somos frequentemente ensinados que o mundo é um palco, e toda a gente usa uma máscara para esconder determinadas partes de si ao mundo. Portanto, não surpreende que viver de forma autêntica possa ser uma persectiva intimidante para muitos. Com a prática, no entanto, poderá tornar-se uma segunda natureza.

Exercício

A única forma de ser autêntico é desenvolvendo o hábito de ser você mesmo. Diga o que pensa, mesmo que ache que os outros vão discordar. Diga o que quer dizer, e não o que acha que os outros esperam ouvir de si. Seja honesto sobre seus gostos e aversões. Aprenda a dizer sim ou não quando importa, independentemente do que assume que os outros vão pensar. Não participe em atividades ou nem se coloque em situações de que não gosta. Pode não ser a coisa mais confortável a fazer no início, mas não desista. Um dia, olhará para trás e será grato a si mesmo por ter tido a coragem de viver com sinceridade.

4. Seja grato.

Tendemos a perder o nosso senso de si mesmo quando continuamos a olhar para os outros e desejamos o que eles têm, negligenciando o facto de que temos muito pelo que ser gratosnas nossas vidas. Quando se coloca num estado de gratidão, começa a notar e a apreciar as muitas bênçãos ao seu redor. Quanto mais gratidão sente pelo que tem, menos provável se torna que sinta a necessidade de se comparar aos outros. Isso, por sua vez, dá-lhe um profundo senso de autoconfiança.

Exercício

Antes de ir para a cama cada noite, liste pelo menos três coisas que aconteceram durante o dia pelo que está grato – seja grande ou pequena. Pode terbeneficiado de um ato aleatório de bondade de um estranho,ter tido a ajuda de um colega de trabalho com um pequeno problema informático, ou simplesmente o facto de que o seu dia passou sem problemas. Se está a ter dificuldades para se lembrar de qualquer coisa pela qual está grato, volte ao básico:tomou uma refeição esta noite? Tem uma cama quente onde dormir esta noite? Tem amigos e familiares que se preocupam consigo? Se sim, tem muito para ser grato, mesmo que muitas vezes tomemos esses tipos de coisas como garantidas.

5. Ganhe mais conhecimento e melhore-se.

O conhecimento é poder, e o dia em que parar de aprender é o dia em que para de viver. Ser conhecedor nos ajuda a sentir-nos confiantes, especialmente quando se conversa em situações sociais. Adicionalmente, há muitos benefícios no incremento da sua reserva de conhecimentos e na continuação da melhoriade competênciasque domina e pelas quais trabalhou arduamente. Uma forma mais indireta de continuar a aprender e a crescer é sendo mais recetivo às perceções dos outros e às informações ao seu redor.

Exercício

Dedique-se a aprender algo novo todos os dias, desenvolvendo o hábito de ler pelo menos um artigo de um *site*, *blog* ou publicação do seu interesse. Mais importante ainda, descubra como pode aplicar o que aprende na sua vida diária.

6. Estabeleça pequenos objetivos pessoais

Não há maior reforço da confiança do que o sentimento triunfante de ter conseguido algo por si mesmo. Pode fazer um favor à sua autoestima, definindo pequenos objetivos para o seu desenvolvimento pessoal e profissional pelos quais se pode esforçar para atingirnuma base diária ou semanal. Comemore os seus sucessos recompensando-se!

Exercício

Este exercício de autoconfiança final baseia-se nos anteriores. Faça uma lista de tarefas que deseja realizar e defina um marco com a respetiva recompensa.

Por exemplo, se o seu objetivo é perder algum peso e vestir-se melhor, pode definir como alvo seguir uma dieta e um plano de treino consistentemente durante três meses. Quando ameta for atingida, recompensar-se-á comprando roupa nova. (Veja o Capítulo 6 para mais sugestões)

Capítulo 5

Armadilhas da Liderança a Evitar

Errar é humano, e ser um líder não o torna mais perfeito do que os outros. É sempre boa ideia manter-se atento e certificar-se de que não comete estes 10 erros da liderança. Também deve ser lembrado de que, como líder, o seu sucesso é medido pelo sucesso da sua equipa.

1. **Egotismo: a principal causa da queda de um líder.**

Ego é um termo no campo da psicologia que se refere ao autoconceito de um indivíduo. Assim, quando se diz que alguém tem um "grande ego", significa que tem uma visão inflacionada de si mesmos. O egoísmo é a necessidade de incentivar, manter e melhorar as visões favoráveis de si mesmo.

Quando as suas decisões e ações são motivadas pelo interesse pessoal, ao invés do melhor interesse da equipa, está a agiratravés do ego. O líder egoísta busca a autovalidação, o reconhecimento público e o cumprimento de várias necessidades egoístas, principalmente à custa dos outros. Quando lidera com arrogância, acabará por perder a sua eficácia como líder, juntamente com o respeito dos seus seguidores.

2. Não ter metas claramente definidas e comunicadas.

Quanta confiança podem as pessoas depositarnum líder que não parece saber para onde vai? Por conseguinte, é importante que os objetivos que a equipa deveria estar a trabalhar sejam claramente comunicados, não deixando margem para confusão.

3. Ter expectativas excessivamente altas.

A compaixão e a compreensão parecem ser traços importantes da liderança que são frequentemente negligenciados. Parte de orientar os outros para a excelência como um líder significa perdoar as pessoas pelos seus erros e permitir que aprendam a lição. Esperar perfeição dos seus seguidores e não deixar nenhum espaço para segundas oportunidades só resultará em pessoas temendo e ressentindo-se, ao invés de respeitar a sua liderança.

4. Ficar atado a uma forma de fazer as coisas.

Ser inflexível na forma como faz as coisas é uma viagem do ego que pode prejudicar a produtividade e o progresso da sua equipa. Se ficar encalhado, utilize isso como uma oportunidade para pedir à sua equipe para se incorporar e formular uma solução em conjunto. Pedir ajuda à sua equipa não faz de si um líder fraco; Reflete a sua humildade e faz com que os membros da equipa se sintam valorizados.

5. Não seguir as regras se estabeleceu.

Ao definir regras e diretrizes para a equipa seguir-especialmente onde a conduta ética está em causa-certifique-se de que você não é a exceção às suas próprias regras. Caso contrário, simplesmente não está praticando o que prega, e ninguém gosta de trabalhar com um hipócrita.

6. Utilizar o medo como um motivador.

Abstenha-se de ameaçaras pessoas a seu cargo pensando estimulá-las. Pode pensar que dizer a alguém que estáprestes a perder o emprego ou que tenciona relatar o seu fraco desempenho aos superiores da empresa,poderia motivá-la a produzir o seu melhor. Mas na realidade, pressionar as pessoas para façam o seu trabalhousando táticas de medo pode apenas incentivá-las atuar de forma antiética por desespero. Basta ver o que aconteceu com os regimes de ditadura ao longo da história.

7. Jogar o jogo da culpa.

Quando surgem problemas em relação à produtividade, um líder precisa de dar um passo em frenteno sentido de assumir a responsabilidade e orientar a equipa para uma solução. Apontar o dedo à sua equipa não vai resolver nada, mas vai fazer as pessoas questionar a sua competência. Afinal, foi o seu planeamento que os levou a onde estão, certo?

8. Não abordar prontamente os problemas.

Varrer o lixo para baixo do tapete não resulta numa casa limpa, tal como os problemas não desaparecem por si sós apenas por serem ignorados. Sempre que surgirem problemas, seja algo que dificulte a produtividade ou o conflito entre os membros da equipe, veja o que se passa e não permita que a escalada do problema.

9. Repreender e humilhar.

Incentive uma dinâmica de trabalho respeitosa entre os membros da equipa corrigindo erros e resolvendo conflitos de forma civilizada. Gritar com alguém e criticá-lo publicamente é extremamente desmoralizante. Lembre-se de que a negatividade é infecciosa. Ver alguém da equipa a ser repreendido é o suficiente para baixar o moral de todos que testemunham o evento, e pode produzir um ambiente do trabalho hostil. Para além de que vão sentir que sob a sua liderança estarão sempre a andar em areia movediça, levando gradualmente ao ressentimento.

10. Mostrar favoritismo.

Um trabalho bem feito merece atenção e reconhecimento, mas destacar uma pessoa da equipa como favorito cria certamente política desnecessária e conflito. Não há nada de errado em incentivar alguma competição saudável dentro da equipa, desde que ninguém perca de vista o objetivo final. Sendo a pessoa encarregada, deve garantir que a competitividade entre os membros da equipa não se descontrola, permanecendo neutro e sendo justo.

11.Fornecer uma solução em vez de trabalhar numa.

Pode pensar que está a fazer um favor à equipa por ser um solucionador de problemas, acreditando que é mais rápido dizer às pessoas o que fazer, em vez de permitir que descubram por si mesmas. No entanto, por "alimentar à boca" as suas soluções à equipa, perde a oportunidade de os ajudar a aprender sobre resolução de problemas. Também poderá assim ignorar soluções alternativas de outros membros da equipa, algumas das quais podem ser melhores do que a sua.

12.Tentar fazer tudo sozinho.
Se quer algo feito correta e rapidamente, o melhor é fazê-lo você mesmo, certo? Errado! Quando tenta fazer tudo, só vai acabar sobrecarregado. Além disso, não estará a capacitar as pessoas quando tenta assumir tarefas que eles podiam ter sido capazes de fazer melhor do que você. Delegue tarefas e confie que a pessoa designada sabe como fazer o seu trabalho.

Capítulo 6

Mais doze formas de melhorar a sua Liderança

Como já deve saber por esta altura, tornar-se um líder eficaz é de facto um processo de construção de caráter. Começa com o cultivo dos hábitos conducentes ao sucesso pessoal. A partir daí, constrói a confiança para assumir o comando e liderar pelo exemplo. Mas isso não é tudo! Ser um bom líder envolve o autoaperfeiçoamento contínuo, caso contrário o ego vai comandar, obscurecendo as qualidades que inicialmente lhe granjearam respeito como líder.

Esperamos quetenha seguido os exercícios deste livro. Aqui estão mais algumas sugestões-em nenhuma ordem particular-para adicionar à sua lista de coisas a fazer, que irão contribuir para melhorar as suas competências de liderança. Considere incorporá-las no seu estilo de vida.

1. **Leia biografias de grandes líderes.**

Para ser um grande líder, tem que pensar e agir como um, e que melhor maneira de aprender do que com os melhores? Biografias dar-lhe-ãovislumbresdos princípios individuais de liderança de sucesso, e também o seu processo de pensamento. Não se limite a biografias de líderes empresariais; diversifique a sua leitura incluindo histórias de vida de líderes espirituais, sobreviventes, artistas e mentes pioneiras.

2. Experimente coisas novas e desconhecidas.

Leia o tipo de livros que nunca considerou ler anteriormente. Coma alimentos que nunca experimentou. Assista a um filme de língua estrangeira. Aventurar-se em territórios desconhecidos é uma boa maneira de treinar-se para não ter medo e estar aberto à mudança. Talvez descubra algo novo nesse processo!

3. Obrigue-se a fazer algo que o assuste.

O sucesso está fora de sua zona de conforto. Então, trabalhe a coragem e vise fazer algo que sempre o assustou. Não precisa ser muito drástico. Tem medo de cantar em público? Vá ao *karaoke* com alguns amigos. Tem fobia de cobras? Visite uma quinta de répteis. Medo de assistir filmes de terror sozinho? Faça-o de qualquer maneira. Sentirá umincremento de confiança e de intrepidez ao superar algo que pensou ser impossível.

4. Faça algo que andou a adiar.

Há alguma coisa que devia ter feito há muito tempo, mas continua a adiar? Seja uma tarefa no trabalho ou em casa, ou um telefonema a um amigo que não vê há séculos, é hora o fazer. Os líderes são executores, não pensadores passivos.

5. 'Destralhe'.

Mantenha o seu espaço pessoal e de trabalho organizado e livre de tralha. Vai-se surpreender com o efeito positivo que tem na sua moral e na sua produtividade.

6. Faça voluntariado.

Dar o seu tempo a uma causa em que acredita é a melhor forma de levar a sua liderança para fora do local de trabalho. Para além de ajudar uma grande causa, estar ativamente envolvido em atividades de uma organização sem fins lucrativos é uma excelente maneira de obter experiência em equipa e liderança, especialmente quando está a começar a sua experiência laboral. Ainda melhor, ofereça-se para ser responsável pelo planeamento de atividades para a instituição. Vai ficar surpreendidoquando perceber a quantidade de organizações sem fins lucrativos que estão recetivos a ajuda externa e a novas ideias.

7. **Faça algo mínimo para o seu próprio aperfeiçoamento diariamente.**

Não desenvolve um hábito durante a noite, mas gradualmente ao longo do tempo. Se está a ter dificuldades em adquirir um bom hábito ou em abandonar um mau, esforce-se por fazer algo diariamente que acumule com o tempo. Por exemplo, se quiser mudar os seus hábitos alimentares, esforce-se por substituir umaembalagem de comida 'plástica' por uma porção de salada todos os dias, até que se torne um hábito.

8. Faça um curso de interesse próprio.
Inscreva-se num curso de um *hobby* que sempre o interessou. Há imensas escolas *online* e por correspondência que oferecem cursos informativos curtos em diversos tópicos, desde psicologia da criança a línguas estrangeiras. Começar e comprometer-se com algo do seu próprio interesse é um teste à sua autodisciplina, que é outrotraço de um bom líder.

9. Mude a forma como faz algo habitual.
Pode haver coisas que faz todos os dias no trabalho que se tornaram tão automatizadas e enraizadas que se tornam tão fáceis como respirar. Claro que há conforto na constância, mas sem mudança corre o risco de estagnar.

Pense em como pode mudar algumas coisas na sua rotina diária. Mais uma vez, não tem que ser uma grande mudança, apenas algo para agitar um pouco as coisas. Por exemplo, se costuma responder a *emails* à noite, depoisdo seu trabalho do dia estar feito, por que não tentar fazer essa tarefa de manhã? Pode até descobrir maneiras mais eficientes e eficazes de fazer as coisas.

10.Leia mais ficção.

Ler mais romances e banda desenhada pode parecer não ter relação com o aperfeiçoamentodas suas competências de liderança, mas ler mais ficção estimula a imaginação e permite-lhe viver temporariamente através dos olhos de outro. Isso, por sua vez, pode incentivar o pensamento original. Na verdade, alguns dos maiores pensadores encontraram inspiração em obras de ficção.

Um exemplo perfeito é ElonMusk, que é conhecido como um dos inventores eempresáriosmais inovadores. Musk sempre falou sobre as suas ambições na exploração espacial, uma aspiração que resultou da suapaixão por livros de ficção científica enquanto criança.

11.Aprenda a afastar-se.

Não pode capacitar as pessoas e permitir que eles explorem a sua criatividade se estiver constantemente a respirar nos seus pescoços. Deixe-as saber que confianas suas capacidades dando espaço depois de ter atribuído uma tarefa.

Aprender a deixar de controlar e confiar nos outros pode ser difícil, especialmente se é um daquelas pessoas faz-tudo. Para facilitar o processo, escolha uma ou duas tarefas nas quais é fraco e faça questão de as delegarnoutra pessoa da equipa. Comunique as suas expectativas de qualidade, mas mostre que é permitida liberdade criativa para fazer as coisas à sua maneira. De seguida, afaste-se e deixe-arealizar a tarefa, e acompanhe apenas quando o prazo designado se aproximar.

12. Alimente o seu lado espiritual.

Ser mais espiritual pode treiná-lo a ser mais paciente, tolerante e compassivo para com os outros-qualidades que são necessárias para ser um líder eficaz. Manter algum tipo de prática espiritual, como meditação, ioga ou exercícios contemplativos, também o pode ajudar a adotar uma visão mais geral da vida, cultivar a resiliência emocional e encontrar paz interior.

Conclusão

Como certamente viu, há muitos fatores envolvidos no que diz respeito a tornar-se um líder de sucesso. No entanto, seguindo as diretrizes descritas neste livro, estará no bom caminho para intervir bem e um passo mais perto de se tornar uma pessoa influente que é capaz de confiar e liderar os outros de forma eficaz.

Boa sorte!

Parte 2

INTRODUÇÃO

"Se as suas ações inspirarem os outros a sonharem mais, aprenderem mais, fazerem mais e se tornarem mais, você é um líder. " Frequentemente, muitas pessoas se chamam de líderes baseando-se em razões e visões diferentes. As pessoas se vêem como líderes baseando-se na posição que elas ocupam, enquanto algumas outras se chamam de líderes por quão famosas elas são na sociedade, e até em casa alguns automaticamente se chamam de líderes baseados em seu gênero. Se você considerar essa citação de John Quincy Adams, então eu posso dizer sem ressalvas que elas são irrelevantes a quem é um líder.

Liderança é sobre responsabilidade. Liderança também possui uma parte de carisma. O carisma pode te ajudar a se tornar um líder melhor, mas não vai te tornar automaticamente um líder. Ser um líder significa que você precisa melhorar a si mesmo. Com a liderança vem p sucesso. Ambos trabalham de mãos dadas. A liderança é a habilidade de liderar pessoas e que elas queiram seguir suas orientações sem se segurarem. Ser um líder é uma forma de sucesso. Muitas pessoas, enquanto crescem, aspiram serem líderes mas apenas algumas poucas conseguem alcançar essa meta. Conseguir ser um líder significa que você deve colocar uma quantidade razoável de esforço apenas para se encaixar nessa posição para as pessoas te seguirem quando você quiser liderá-las. Um líder tem que ser muito mais que bom, você tem que ser ótimo para ser um líder.

Ser um líder não é um fator genético que pode ser herdado então ninguém nasce para ser um líder... Exceto o herdeiro de um trono. Mesmo aqueles que nascem como herdeiros para um trono ainda precisam adquirir habilidades de lideranças tais como conseguir lidar com o reino. Sem essas habilidades, mesmo o herdeiro de um trono pode não se encaixar no trono se não estiver bem preparado. Como herdeiros, eles já possuem uma missão e uma visão para ser um líder, portanto, eles começam a se preparar imediatamente após nascerem. A habilidade de liderança carismática não nasce com ninguém, seja você um herdeiro ou apenas um necessitado... ela precisa ser adquirida. Apesar de parecerem haver muitas pessoas que são naturalmente presenteada com habilidades incríveis de liderança e de comunicação suave, necessita muito preparo e experiências para adquirir habilidades efetivas de liderança. Todos podem aprender como se tornarem líderes e como cultivar suas habilidades de liderança se fornecidos com as diretrizes corretas. De fato, uma chave para o sucesso de liderança é focar na melhoria de habilidades específicas de liderança que se fundem para qualidades vitais de liderança, se aperfeiçoadas.

Liderança significa que você tem que entregar o melhor resultado e muito mais do que apenas ter um bom desempenho. Para alcançar o melhor resultado possível, um líder precisa de disciplina para se concentrar em alcançar nada menos que o melhor. Um líder deve se concentrar nos outros mais do que em si mesmo. Esta é a principal razão pela qual sua liderança é capaz de fazer com que muitas pessoas façam o que de outra forma não poderiam fazer, e gostem disso. Afinal de contas, em um mundo onde os melhores trabalhadores são voluntários, por que eles deveriam entregar suas energias criativas para promover a maior glória de um líder cuja ambição é egocêntrica?

Liderança é muito menos sobre o que você faz e muito mais sobre quem você é. Se você vê a liderança como uma bolsa cheia de truques manipulativos ou comportamentos carismáticos para promover seus próprios interesses pessoais, então as pessoas têm todo o direito de serem cínicas. Mas se a sua liderança flui em primeiro lugar pelo caráter interior e integridade da ambição, então você pode pedir às pessoas que se prestem a você e o sigam sem problemas.

Liderança é a ação de liderar, inspirar, encorajar e motivar um grupo de pessoas a alcançar um objetivo ou objetivo comum. Além disso, é o processo de influência social, que irá inspirar e orientar os seguidores de um líder para realizar tarefas específicas. Para ser um líder de sucesso, é preciso ter características de um líder, como excelente supervisão, comunicação fluente e habilidades de escuta.

Eleanor Roosevelt disse certa vez: "Um bom líder inspira as pessoas a terem confiança no líder, um grande líder inspira as pessoas a terem confiança em si mesmas." Mas, tornar-se um grande líder não pode ser comparado a um passeio no parque. Manobrar uma equipe ou grupo de pessoas com sucesso através dos altos e baixos de um desafio, independentemente de quão pequeno ou grande ele possa ser, é o que um grande líder deve conquistar.

O QUE É LIDERANÇA DE SUCESSO

A liderança bem-sucedida é uma plataforma para colocar as necessidades das outras pessoas antes das suas. Na liderança, não existe apenas um líder e você precisa ter isso em mente para ser um líder de sucesso. Muito mais do que querer saber o que um líder precisa fazer para ter sucesso, é preciso descobrir o que isso implica primeiro. Liderança de sucesso é sobre se apresentar para a tarefa e emergir para a tarefa em suas mãos. Liderança de sucesso tem que ser focada em como nossas escolhas, todas as decisões funcionam para impactar os outros, com menos foco no resultado para nós mesmos. Precisamos enfrentar a tarefa e não apenas fisicamente, mas emocionalmente e socialmente. Dentro disso está o segredo de que líderes bem-sucedidos são capazes de encorajar, motivar e inspirar as pessoas a seguirem sua posição de líder por sua percepção, experiência e criatividade. Liderança de sucesso envolve ser intencionalmente consciente de como as pessoas respondem a cada movimento, mas ao mesmo tempo estar aberto para entender como elas as vêem e o que é real do que não é. Agora, este é um talento que poucas pessoas, por pura sorte, têm nelas. Todos têm a perspectiva e possibilidade de estar mais atentos à forma como nos comunicamos com aqueles que nos rodeiam.

Ser bem sucedido significa, você precisa ser um bom líder, em vez de bom gerente ou chefe. Um bom líder é um bom chefe ou gerente, mas um bom gerente ou chefe sem as habilidades adequadas de liderança vai ter trabalho para encontrar sucesso. Os líderes usam a motivação como sua ferramenta para fazer as pessoas fazerem o que precisa ser feito, mas os chefes ou gerentes usam o medo para fazer as pessoas seguirem suas instruções.

Liderança de sucesso é totalmente sobre inspirar a equipe a crescer, aprender e ter sucesso, ao contrário do gerenciamento, que é tudo sobre controle e demanda de ordens, sejam elas convenientes ou não.

A liderança bem-sucedida reconquistará a força de todos os membros da equipe e a usará e, ao mesmo tempo, trabalhará neles para se tornarem melhores. Isso envolve não ser defensivo e assumir responsabilidades, ajudando sua equipe a se tornar mais criativa e melhorar as circunstâncias, em vez de colocar a culpa quando as coisas não estão certas.

A liderança bem-sucedida envolve evitar comportamentos letais. Líderes mostrando comportamentos letais têm chances significativamente mais baixas de serem bem sucedidos. Comportamentos letais levarão a colapsos na comunicação, crença, filosofia, relações, avanço e resolução de conflitos. Tais comportamentos negativos fazem com que as pessoas se tornem vaidosas, egocêntricas, egocêntricas, cegas à realidade ou até mesmo iradas. Exemplo destes tipos de comportamentos letais incluem;

Levar tudo para o lado pessoal.

Se fazer de vítima.
Não ter empatia.
Reatividade excessivamente rápida.

Líderes que têm sucesso na vida são aqueles que todos nós nos encontramos tentamos imitar. Tentando fazer exatamente o que eles fizeram, estar onde estiveram, vestir-se como eles, tomar as coisas como eles, agir e reagir como eles. Mas tudo isso é apenas uma prioridade equivocada no que é necessário para se tornar um líder. Se tornar-se um líder envolve apenas nós imitando um líder, então eu acredito que todos nós precisamos apenas de aulas de atuação para nos tornarmos um. A emulação não é uma ferramenta na liderança porque uma etapa ou ação singular nem sempre funciona em todos os cenários; assim como o ditado que funciona bem no caso A não pode fazê-lo no caso B.

Tenho certeza de que deve ter passado pela sua cabeça provavelmente uma ou duas vezes perguntando-se por que há tantos livros sobre liderança e, de uma forma ou de outra, as pessoas sempre testificam que isso funciona para eles. É só porque a abordagem de liderança bem sucedida varia com cada pessoa. O que funciona para o Sr. A pode não funcionar para o Sr. B.

Uma coisa que muitas vezes vejo que a maioria dos líderes têm em comum é a maneira como eles pensam. Ao contrário de uma pessoa normal ou comum que só pensa entre um ou outro cenário; escolhe um. Mas um líder bem-sucedido lida com as duas idéias mesclando-as em uma para criar uma idéia maior, fazendo a diferença, assim como a grandeza. Este método de contemplação e amalgamação de idéias é o que eu gosto de chamar de pensamento incorporativo. É esse tipo de mentalidade e não uma teoria de escolha que são as principais características de um líder de sucesso. Estas características podem ser as principais, mas de forma independente, esta característica sozinha não faz um líder bem-sucedido, mas certamente aumenta a chance de você se tornar um líder de sucesso. A beleza desta característica é que é uma habilidade que você pode aperfeiçoar, que pode ser desenvolvida e embutida em todos. Ser um líder de sucesso requer que você faça aquilo que te trará o sucesso, assumindo a situação e fazendo a escolha certa ou escolhas.

Liderança de sucesso é sobre tomar decisões e fazer o caminho certo. Não há espaço para cometer exageros. Você não pode cometer erros com qualquer decisão que você tiver decidido tomar. Você sempre tem que ser a decisão certa. Mais do que precisa ser feito na tomada de decisão será discutido em outro capítulo.

PREPARAÇÃO PESSOAL PARA LIDERANÇA

Liderança como uma qualidade precisa ser podada, aparada, podada e nutrida como uma planta que depois floresce e produz frutos. O fruto aqui para a preparação da liderança é o sucesso. O que precisa ser feito para se tornar um grande líder é sujeito a mudanças e, como tal, pode não ser discutido em toda a sua extensão. Por exemplo, espera-se que um livro sobre liderança discuta detalhes mínimos como o da etiqueta básica. Isso significa que se espera que um líder seja culto em termos de etiqueta para trazer uma aura de confiança e respeito de comando. Eu me lembro enquanto crescia, um amigo meu chegou em casa chorando profusamente depois de uma entrevista só para eu descobrir que a razão era porque ela não disse "OBRIGADA" depois da entrevista. Um aperto de mão no início da entrevista cria uma boa impressão, além de deixar a entrevista com um aperto de mão.

É evidente que não importa onde um líder se encontre, as pessoas estão sempre ansiosas para ouvi-lo falar e ouvir o que ele tem a dizer. Uma coisa que aprendi como líder é que sempre se espera que você diga alguma coisa o tempo todo e em qualquer lugar. Para um líder se comunicar de forma eficaz, envolvendo todos os jovens e idosos em sua conversa. Ele ou ela deve aprender a ser um ouvinte eficaz. Para escutar efetivamente, um líder deve ser humilde para ver todos como uma entidade razoável e entender que ele não pode ter a resposta para todas as coisas e não apenas ver o fracasso como um erro, mas também ver que o fracasso representa maneiras pelas quais as coisas não devem ser feitas no próximo encontro. O fracasso aqui expõe onde não focar e onde a energia deve ser direcionada para um resultado bem-sucedido.

Um líder humilde é um líder eficaz que diferencia um líder de um chefe. Isso dá ao líder um bom relacionamento com aqueles que pretendem segui-los, ganhando assim sua confiança; criando um relacionamento suave. Isso faz com que eles coloquem seu melhor e sua criatividade em uso para o sucesso do projeto em mãos. Tudo isso funciona para criar um líder de sucesso. Muitas vezes você pode se perguntar como isso ajuda o progresso da equipe quando o líder tem pouco tempo em suas mãos. Mas construir relacionamentos aumenta sua confiança e reduz sua própria carga de trabalho. Este é um dos traços que diferencia o líder do chefe. Grandes líderes como Madre Teresa, Martin Luther King, Nelson Mandela, Pierre Elliot Trudeau e Winston Churchill -

demonstraram essa mesma abordagem de criar um relacionamento em como engajaram os que estavam sob seus cuidados, apesar dos vários encontros, dificuldades ou problemas que tiveram que suportar para trazer sua visão para a vida.

Espera-se que um líder conheça a importância de um relacionamento que determine o resultado final de sua liderança. Quem é um líder só pode ser medido com base no seu relacionamento com seus seguidores. Um líder nunca é um líder sem seus seguidores. Isso mostra o quanto os seguidores são importantes para a liderança em si. Um líder deve incluir seus seguidores, não importa o que esteja acontecendo, para evitar que se rebelem contra ele.

Um líder deve ser capaz de manter o relacionamento que criou e entender o significado da compaixão, colocando-se no lugar do seguidor. Entendendo que eles também têm esperanças e sonhos. Um líder deve ser capaz de exemplificar o que se espera de seus seguidores, como exibido por nossos líderes de hoje. Quando um líder demonstra, ele mostra apenas o tipo de apoio, encorajamento e orientação que estão dispostos a dar àqueles que os seguem e o quanto conseguem realizar.

Para um líder ser bem sucedido, aqui estão algumas coisas esperadas dele ou dela. São as seguintes:

Espera-se que um líder construa sua coragem com base na autoconfiança. Coragem necessária para as pessoas seguirem você com confiança. Quando você, como líder, é corajoso, então essa coragem vai passar para aqueles que querem segui-lo.

Espera-se que um líder construa seu autocontrole. Líderes de sucesso precisam ser capazes de se controlar para poder exercer controle sobre outras pessoas. Isso significa que um líder deve ser visto antes de ser ouvido, ou seja, deve ter controle e manter a calma a todo momento. Eles devem se esforçar para sempre deixar uma impressão muito boa de si mesmos a todo momento. Mas nunca exagere.

Espera-se que um líder seja razoável em todos os momentos. Sem ser razoável e justo em todos os momentos, será impossível comandar e reter o respeito de seus seguidores.

Espera-se que um líder não tenha medo de críticas. Eles enfrentam situações e respondem sobre a escolha certa a ser feita. Um líder não deve admitir aceitar uma escolha até localizar uma resposta "imaculada" ou conseguir um acordo completo. Ele tem que ver o medo do perigo ou feedback como estímulo para permanecer forte.

Espera-se que um líder trabalhe de acordo com um plano. Um líder que deseja ter sucesso nunca deve trabalhar em mistério, e um líder de sucesso pode superar alguém que normalmente é mais capaz. Espera-se que um líder que trabalhe de acordo com um plano obtenha muito mais sucesso do que um líder sem um plano.

É esperado que um líder seja muito mais do que o esperado. Espera-se que eles façam mais para esperar mais resultados, de modo a vencer qualquer forma de oposição presente. O topo é fácil de alcançar, mas para permanecer lá, o desempenho extra deve ser mantido a todo custo.

Espera-se que um líder se torne excepcionalmente agradável e amável. Muitas pessoas seguirão você naturalmente quando você tiver uma personalidade agradável. Eu me lembro de alguém me dando dinheiro há muito tempo. Quando perguntei porque, ela disse que eu tinha uma personalidade agradável, e ela nunca me viu triste antes; Eu estava sempre sorrindo. Uma personalidade pacífica e amável sempre atrai as pessoas a seguir e fazer suas tarefas.

Espera-se que um líder seja simpático e atencioso com todas as pessoas. Líderes de sucesso compreendem as identidades e questões de seus colegas e companheiros de equipe. A simpatia é possível quando há um relacionamento entre os líderes e sua equipe.

Um líder como um bom ouvinte deve prestar atenção a cada pequeno detalhe. Os líderes de sucesso se diferenciam, dando a todos os aspectos de suas tarefas um esforço total, independentemente de quão pequenas possam ser. No caso em que uma ausência de consideração encoraje descuidos simples e normais, seu acúmulo pode ficar ligado à má reputação. Daí fazendo um líder não bem sucedido como esperado.

Espera-se que um líder assuma total responsabilidade por sua equipe. Um líder deve estar sempre preparado a todo momento para assumir a culpa por quaisquer falhas por parte de sua equipe. Quando as situações pioram, o líder deve manter sua posição.

Espera-se que um líder seja cooperativo sobre qualquer decisão que a equipe tenha concordado em fazer. Liderar demanda poder, e poder também exige cooperação. Os líderes entendem o fato de não poderem lidar independentemente com tudo o que cruza seu caminho.

Finalmente, o que tudo isso revela é que o segredo para uma liderança de sucesso é diversificado. É uma intrincada rede de comportamentos, competências e ações interconectadas que os líderes precisam empregar consistentemente ao longo de sua liderança. Elementos que não servirão apenas para definir a sua liderança, mas que ajudarão a ilustrar a razão de ser por detrás do que fazemos.

COMO TOMAR DECISÕES

De acordo com James Stoner, ele disse: "A tomada de decisão é o processo de identificar e selecionar um curso de ação para resolver um problema específico". E De acordo com Trewartha e Newport, "A tomada de decisão envolve a seleção de um curso de ação entre duas ou mais alternativas possíveis, a fim de chegar a uma solução para um determinado problema". Essas duas definições estão corretas em um contexto geral, mas em relação à liderança, eu gostaria de fixar minha mente na definição de James Stoner, porque a tomada de decisões para um líder bem-sucedido não é uma solução nem solução, mas uma solução que cobre tudo. Todo o ponto de decisão para os líderes de sucesso é tomar uma decisão com uma solução bem-sucedida.

Tomar decisões é o centro do que precisa ser feito na liderança. A existência de um líder é centrada na capacidade de tomar decisões, porque essa é a peça central de tudo o que um líder faz em toda a sua vida. A tomada de decisão, diferente de qualquer outra coisa que um líder tenha que fazer, é um processo cognitivo que requer uma escolha final que todo o companheiro de equipe está esperando para realizar. Um cientista pode dar-lhe uma carga de por que cada decisão que você faz tem que ser lógico, mas eles onde seria o extra esperado de um líder. Você, diferente de todos, precisa pensar fora da caixa para tomar qualquer decisão, não importa o quão pouco seja. Espera-se que o líder analise o resultado a longo prazo desta decisão e considere apropriadamente sem a possibilidade de erros.

Componentes da Tomada de Decisão

A tomada de decisão na liderança tem três componentes. Esses constituintes são o fator determinante em qualquer decisão tomada por um líder. Seja para ter um resultado bem-sucedido ou não.

Substitutos: Existem dois ou mais substitutos em todas as ideias que precisam de decisão. A tomada de decisões para um líder significa que você tem opções para escolher.

Escolha: a tomada de decisão envolve uma escolha. Isso significa escolher a melhor solução para resolver o problema. O que também pode envolver uma combinação de duas ou mais ideias para criar uma.

Objetivos ou Problema: A tomada de decisão para uma liderança eficaz tem uma orientação imparcial. Isso é feito para alcançar um objetivo ou resolver um problema.

Passos para tomar decisões para uma liderança de sucesso

1. Identificar o problema em questão: Para que um líder simplesmente tente tomar uma decisão, ele precisa reconhecer o fato de que um problema está acontecendo e precisa de atenção.

2. Analisar o problema em questão: Depois, o problema precisa ser analisado para descobrir a causa e o efeito do problema em toda a equipe.

3. Desenvolver Soluções Alternativas: Depois de identificar e analisar o problema real, espera-se de um líder pensar fora do escopo da decisão óbvia que se apresenta

no momento. Também é esperado que em situações de apenas uma escolha disponível, o líder tenha a intenção de trazer opções para escolher. O líder não pode fazer isso sozinho de maneira eficaz; é aqui que as ideias dos membros da equipe são reunidas e por que um bom relacionamento no início se torna útil. O membro da equipe traz idéias úteis por causa da confiança que têm em você para trazer uma solução.

4. Avaliar as opções disponíveis: Como líder, você deve reunir todas as possíveis estratégias de solução, avaliando cuidadosamente sua vantagem em relação à desvantagem. Observe o efeito de longo e curto prazo que cada solução terá se implementada. Além de pesar a vantagem sobre a desvantagem, eles também são esperados ver a possibilidade da solução ter efeito e tomar terreno para resolver o problema. E para fechar, veja se as opções são aceitáveis para toda a equipe.

5. Escolher a melhor Opção: Quando a escolha entra em jogo em qualquer assunto, é um fato indiscutível que todos

tendem a fugir dessa responsabilidade e olhar para o líder para dar a palavra final; portanto, tornando-o responsável por qualquer resultado experimentado. Depois de avaliar as opções disponíveis, o líder fica com a escolha de escolher a ideia que tenha a menor desvantagem e maior vantagem para tornar a ideia bem-sucedida. A ideia escolhida aqui pelo líder é o que a tomada de decisão representa para um líder. Para escolher a melhor opção, o líder deve adotar um pensamento holístico, em vez de segmentado, para resolver criativamente qualquer tensão que tenha surgido durante o processo de tomada de decisão entre sua equipe.

6. Colocar a ideia para funcionar: Para um líder chegar a uma ideia final ou solução para uma situação, não acaba com a charada da tomada de decisão. Nesse estágio, a importância da comunicação torna-se útil novamente. Depois de tomar a decisão necessária, a idéia precisa ser colocada em prática, o que requer um líder não apenas para fornecer o recurso

necessário, mas também para apoiar a equipe em colocar a idéia para funcionar. A motivação impulsiona todos os indivíduos, e não importa quão pequena seja a idéia a se implementar, os membros da equipe precisam ser encorajados pelo líder, para que o sucesso seja alcançado.

7. Acompanhar o desenvolvimento da ideia: após a implementação da decisão, é esperada uma verificação contínua para ver o progresso de um líder após a delegação da tarefa. Obter feedbacks é necessário para manter o que está acontecendo. Isso serve para ajudar a ver se a ideia será tão produtiva e bem-sucedida quanto o esperado. Isso é para ver se há alguma diferença entre a ideia real e o trabalho de esboço da ideia. Portanto, manter-se à tona ajuda a acompanhar o progresso contra o sucesso de sua liderança. Muitos líderes freqüentemente acham esse estágio irrelevante e simplesmente descartam esse passo quando a idéia está em movimento, o que faz com que eles não percebam a maneira interessante em que

um ajuste provavelmente poderia ser feito para aumentar a produtividade.

POR QUE A DECISÃO É NECESSÁRIA PARA UMA LIDERANÇA BEM SUCEDIDA

1. A tomada de decisões ajuda a reduzir o desperdício de recursos valiosos. Em vez de fazer um texto e executar o trabalho de todas as idéias possíveis para descobrir qual deles se encaixa, o líder tem a palavra final sobre o que foi coletivamente acordado.

2. O processo de tomada de decisão prepara o líder, bem como toda a equipe, para que esteja melhor equipada para enfrentar qualquer outra forma de problema que possa se apresentar no futuro próximo.

3. Processo de tomada de decisão árduo ajuda a liderança a ter mais sucesso, assim também decisões erradas da parte do líder resultarão de outra forma, que não é uma qualidade de boa liderança.

4. O objetivo de toda liderança é ter sucesso e a tomada de decisões ajuda a concretizar esse objetivo. Isso se deve ao fato de que decisões racionais são

tomadas após a análise e avaliação de todas as alternativas possíveis.

5. Decisões racionais ajudam a aumentar a eficiência. A eficiência descreve o resultado de uma ideia.

6. A tomada de decisões facilita a inovação. Isso ajuda a cultivar novas ideias que resultam em inovação. A inovação proporciona uma vantagem competitiva para a equipe.

7. A tomada de decisões por parte do líder mostra uma afirmação que motivará a equipe. Isso dá à equipe confiança em seu líder para sempre fazer o que se espera dele.

COMO PENSAR POSITIVO

O pensamento positivo é um traço único que todo líder deve ter. É da natureza humana pensar e esperar o pior, às vezes, mas para ser o líder de sucesso que ele ou ela está aspirando a ser, então pensar positivamente não é uma escolha, mas uma mentalidade seguida para que eles tenham sucesso. Este é um estado da mente que pode ser desenvolvido como qualquer habilidade adquirida. Você pode aprender como ser um pensador positivo, independentemente de sua opinião a partir de agora. O pensamento positivo não só faz de você um líder melhor, mas também um líder de sucesso. Quando você pensa positivamente, vê o que é bom em tudo e mantém sua mente em paz, dando-lhe uma melhor capacidade mental. Principalmente, a melhor maneira de tornar o pensamento positivo parte integrante de você é fazê-lo repetidamente. Repetir um processo repetidamente faz de você um mestre em tal processo.

COMO MUDAR DE UMA MENTALIDADE NEGATIVA PARA UMA MENTALIDADE POSITIVA

Tudo é uma questão de escolha.

Você precisa primeiro acreditar em si mesmo

Em seguida, defina metas distintas e realizáveis.

Imagine seu sucesso em sua mente e deixe que isso alimentar sua mente interior.

Seja o dono de sua vida e seja responsável por sua equipe.

Fale palavras suaves e de alívio para si mesmo.

Use palavras positivas para erradicar o negativismo.

Relacione-se com pessoas que têm uma mentalidade positiva como você e certifique-se de incutir esse hábito em sua equipe. A mentalidade deles também afeta a sua.

Encontre o lado bom em todas as situações. Saiba que aqueles que se dão bem na vida são aqueles que usam contratempos como trampolins para novos sucessos.

A vida é muito curta, viva todos os dias como se fosse o último. Saboreie cada momento do dia-a-dia, então você entenderá que não há tempo para pensar negativo.

Finja que tudo está bem quando sua mente continuar lutando com pensamentos negativos. Sua equipe está cuidando de você.

A vida é muito curta, viva tudo da melhor maneira possível.

Dicas para ajudar a manter uma atitude positiva.

Mostre uma perspectiva emocional e mental mais otimista em relação a você e sua equipe.

Deixe sua mente sempre refletir sobre os bons e não os maus pensamentos. Ruminar os maus pensamentos é apenas desperdiçar de tempo e energia.

Sempre veja o melhor em todas as decepções, problemas e obstáculos.

Sempre que pensamentos negativos quiserem tomar a sua mente, participe de outras atividades para ajudar a desviar sua atenção e seu processo de pensamento. Para mim é jogo, música ou culinária.

O que você ouve na maioria das vezes geralmente lhe dá motivos para mudar seu processo de pensamento. Como um líder que tem que ouvir, não deixe que isso te atinja, identificando imediatamente informações negativas e lidando com elas de forma positiva.

Um líder deve ter um mentor, amigo ou cônjuge que traga entusiasmo para você quando você se sentir deprimido por ouvir de sua equipe que você não pode evitar. E quando eles não estiverem disponíveis, mantenha suas emoções separadas.

Diga coisas positivas sobre você e sobre outras pessoas em geral.

O elogio eleva o espírito das pessoas e cria pensamentos positivos. Certifique-se de sempre elogiar não apenas o seu companheiro de equipe, mas a todos.

Acredite em si mesmo e em suas habilidades para se manter distante de pensamentos negativos a todo momento.

Sempre encontre tempo para relaxar. O descanso ajuda a limpar o seu processo de pensamento. Pode ser mudando de atividade momentaneamente.

Leia sobre outro líder de sucesso e como eles superaram o pensamento negativo. Isso ajudará você a pensar mais positivamente.

Mantenha-se ocupado o tempo todo.

Mantenha um troféu de metas realizadas por si mesmo. Isso ajudará você a lembrar que tem pessoas olhando para você e que você é um sucesso.

Pelo menos uma vez por dia, deixe seu processo de pensamento encontrar maneiras de ver o melhor em todas as situações.

Observe o tipo de imagens que você deixa entrar em sua mente.

Execute a análise em si mesmo para verificar seu processo de pensamento de forma intermitente.

Todas essas idéias ajudarão você a manter um processo de pensamento positivo. Lembre-se de que é mais fácil manter um estado de espírito positivo quando as coisas correm bem, mas muito mais difícil quando confrontado com um problema ou dificuldades. Durante essas fases difíceis, como líder; lembre-se de que as pessoas estão cuidando de você e fazem um esforço extra para pensar positivamente.

O QUE FAZER PARA EVITAR PENSAMENTOS NEGATIVOS

1. Evite dizer a si mesmo coisas negativas. Sempre procure o lado bom em todas as situações. Como líder, mesmo no pior momento da vida, sua equipe sempre vai olhar para você para buscar esperança na sua expressão. E com pensamentos negativos correndo em sua mente tudo o que eles conseguem ver é aquela expressão que diz que está acabado.

2. Um sorriso é uma ótima terapia para pensamentos negativos. Para permanecer otimista, a fim de expressar que você está otimista, empenhe-se para sempre colocar um sorriso em seu rosto.

3. A prática constante do pensamento positivo sempre prova seu valor diante de situações adversas.

Os otimistas tendem a ver os eventos que estão além deles como incidentes isolados que estão fora de seu controle, enquanto os pessimistas vêem essas coisas como mais comuns e muitas vezes se culpam. Ao tomar um minuto para examinar a ocorrência e garantir que você está se dando o elogio e reconhecimento pelas coisas boas e não se culpando por coisas fora de seu controle, você pode começar a canalizar seu pensamento para o pensamento positivo ao invés de negativo. Sempre saiba que você precisa se encorajar a pensar positivamente. Investir energia em coisas que você gosta e cercar-se de pessoas otimistas, tornando-as otimistas, são apenas duas maneiras de estimular o pensamento positivo em sua vida. Como tudo na vida, o pensamento positivo requer prática e a prática leva à perfeição.

COMO INFLUENCIAR PESSOAS

Liderança e influência são uma relação siamesa que, embora conjunta, ainda são entidades separadas e precisam uma da outra para prosperar. Para influenciar as pessoas como líder, você tem que ter a característica de ser persuasivo. Um fator essencial na liderança é a capacidade de influenciar. Ser um líder significa que você tem que ser hábil em influenciar pessoas. Uma pessoa foi influenciada com sucesso quando seus sentimentos, opiniões ou comportamentos foram afetados por outra pessoa. A influência está presente em todas as obras da vida, mas, mais importante, é a principal arma de sucesso do líder. A capacidade de influenciar é uma habilidade muito importante para um líder. Para que um líder efetivamente influencie os outros, ele tem que acreditar em seus próprios objetivos e visão antes que ele possa influenciar os outros a ver em sua luz. Um líder consegue influenciar os outros por quão vibrante ele pode ser sobre sua opinião. Um líder precisa ser muito persuasivo e confiante para efetivamente influenciar os outros.

A motivação determina como alguém será influenciado pela recompensa ou pelo desejo de evitar a punição. Para um líder determinar a motivação mais poderosa a ser usada, ele precisa entender aqueles que ele quer influenciar primeiro. Para um líder influenciar efetivamente os outros, ele tem que ser o exemplo para torná-lo crível. Uma chave forte para influenciar as pessoas é através da comunicação. Os líderes influenciam as pessoas, dando-lhes uma visão convincente do futuro, além de inspirá-los a seguir seus passos.

Influência é apontar as pessoas na direção para se concentrar de modo a motivá-las a transformar a visão de um líder em realidade. Eles fortalecem e focalizam as pessoas de maneiras que satisfazem suas visões, dão a elas um senso de propósito e as deixam com um profundo senso de realização quando o trabalho é feito. Os líderes lideram modelando maneiras de pensar ou agir e incentivando novas maneiras de encarar as situações e, ao fazer isso, dão às pessoas as palavras e a coragem para tornar essas novas formas próprias. Os líderes que se tornam bem-sucedidos hoje são professores, mentores e modelos que alcançam a maior parte de seu sucesso por meio da influência.

Para um líder influenciar com sucesso as pessoas, ele precisa prestar atenção a cada detalhe envolvido em influenciar os outros, mostrando interesse por eles, lembrando-se de seu nome, independentemente de serem irrelevantes, sempre os ouça, faça-os se sentirem importantes e amados. Sorrir para eles em todos os momentos pode fazê-los sentirem-se seguros de que você os ama e reconconceitá-los, influenciando-os a se unirem à sua visão. Isso me fez lembrar do meu primeiro dia em uma associação da qual participei quando estava na escola. O presidente convidou-me pessoalmente para o almoço, que é a minha primeira experiência. Fiquei tão emocionado que essa atitude singular nunca me fez sair da associação mesmo depois que saí de onde eles estavam.

Maneiras Efetivas Com As Quais Os Líderes Podem Influenciar Os Outros.

O primeiro é ser visível para todos. Um líder deve se colocar no nível daqueles que precisa influenciar e estar o mais perto possível deles. Estar no conforto de seus escritórios e dar instruções em todos os momentos não demonstra sua visibilidade. Eles deveriam vê-los mais como amigos do que como seguidores. "Líderes excepcionais são vistos, não apenas ouvidos"

As condutas e etiqueta de um líder dizem muito sobre eles. Esta é uma maneira muito eficaz e indolor de influenciar as pessoas. O bom comportamento de um líder fala mais alto que mil palavras que ele poderia pronunciar. As pessoas ficam mais influenciadas com isso porque não conseguem fingir. Ele sempre se mostra sem a consciência do líder.

Um líder pode influenciar as pessoas fazendo um bom contato visual com elas. Isso sempre mostra sua confiança, interesse e cuidado em tudo o que as pessoas estão dizendo

Um líder pode ganhar pessoas assumindo o controle do espaço ao seu redor quando se dirigir ao povo. Isso faz o que o líder tem a dizer mais interativo do que mandão.

Ser vocal ajuda o líder a influenciar as pessoas. Um líder que acha difícil ouvir a si mesmo achará ainda mais difícil influenciar outras pessoas. Sua voz deve ser agradável aos ouvidos para influenciar as pessoas a se unirem à sua visão. Comunicar adequadamente em um grande momento ajudará a conectar as pessoas para entender sua visão.

Um nível apropriado de toque tão simples quanto um aperto de mão e gestos tão simples quanto acenar é importante para as pessoas, bem como influencia sua opinião sobre você e sua visão.

Um líder nunca deve hesitar em sorrir porque ninguém gostaria de seguir um líder que parece mal-humorado. Sorrir desarma as pessoas. Sorrir é um requisito básico para influenciar as pessoas.

Um líder deve sempre agir e se mover rapidamente para se comunicar e para influenciar as pessoas. Aqueles que atrasam a ação, que são lentos, tomam decisões difíceis, ou que procrastinam, estão dando uma ideia negativa para as pessoas, o que não é uma boa maneira de influenciá-las.

E acima de tudo, um líder deve ser capaz de se comunicar verbalmente e não verbalmente, a fim de influenciar as pessoas.

O uso efetivo da habilidade de comunicação com o propósito de persuadir, de modo a influenciar as pessoas para ver por que elas devem seguir a você e a sua visão. Um líder que usa todas essas ferramentas efetivamente tem a chance de ter sucesso em ser um líder. Influenciar as pessoas é, de longe, a melhor maneira para um líder atrair as pessoas para si. Com apenas um pouco de esforço por parte do líder para fazer o que for necessário para persuadir as pessoas. A liderança não pode existir sem influência, a influência é sinônimo do coração da liderança, enquanto a comunicação e a persuasão que eu gostaria de dizer são sinônimo de sangue e vasos sanguíneos. Não é de admirar que o Dr. John C. Maxwell tenha dito; e cito "Liderança é influência". Não há melhor maneira de colocar isso.

COMO COLOCAR VALOR NAS VIDAS DE OUTRAS PESSOAS

Agregar valor aos outros é uma maneira de criar sucesso não apenas para um líder, mas para todos. Agregar valor aos outros também é outra coisa que todos os líderes de sucesso têm em comum. No processo de agregar valor à vida de outras pessoas, você também se torna mais valioso para elas. Agregar valor à vida de outras pessoas é uma maneira de fazê-las acreditar em você. As pessoas respeitam aqueles que agregam valor a elas. Este livro por si só é uma maneira de agregar valor à vida de outras pessoas. Muitos o lerão e se tornarão melhor equipados para a liderança, acrescentando significado às suas vidas. Para mim, por outro lado, possivelmente receberei uma resposta que me inspirará a escrever mais livros para beneficiar a todos. Para um líder agregar valor aos outros, eles devem primeiro agregar valor a si mesmos.

Poderia estar lendo para se tornar um líder melhor ou desenvolvendo um atributo peculiar a um líder. Como líder, você deve se conectar, elevar e enriquecer a vida dos outros para ter sucesso. Líderes que agregam valor, constroem melhor relacionamento com todos ao seu redor, aprendendo sobre o que eles acham valioso para eles, a fim de liderá-los com sucesso.

O valor é o que quer que tenha a chance de torná-lo melhor de alguma forma ou conseguir o que você quer. O trabalho de hoje é puramente criar valor e entregá-lo a outras pessoas. Os líderes que agregam valor aos outros precisam confiar em seu pessoal antes que essa confiança possa ser retribuída. Eles servem aos outros em vez de esperar serem servidos. Acrescentamos valor aos outros quando nos tornamos mais valiosos para os outros. Incentivar outras pessoas agrega valor a elas. Tente tirar o melhor proveito das pessoas, incentivando-as a serem as melhores possíveis. Isso irá inspirá-los a assumir seus próprios riscos e adicionar seu próprio valor ao mundo. Para agregar valor a outras pessoas, você tem que, sem dúvida, ter valor agregado para si mesmo. Você tem que ter algo antes de poder dar. Desenvolver seus próprios valores precede qualquer outra coisa.

Para um líder agregar valor aos outros, ele tem que ter precedência para atender o que as pessoas precisam e não somente o que querem. A necessidade de se sentir importante e ajudar outras pessoas a atender às suas necessidades. O primeiro passo para ter sucesso ou agregar valor à vida de outras pessoas começa com a pergunta sobre o que seria mais valioso para outras pessoas. Para você saber se você está realmente agregando valor à vida de outras pessoas, você tem que saber que o que você está fazendo está agregando a alguém, que você está fazendo o seu melhor na situação e que tudo que está fazendo é com amor. Agregar valor pode estar na forma de uma conexão emocional. Apaixonar-se por alguém é uma forma de agregar valor à vida da pessoa. Eles ficam sabendo o que é amar.

Este processo é aquele que muda a perspectiva de um indivíduo. O bem-estar de outras pessoas começa a ser importante para você, contribuindo não apenas para o seu sucesso, mas também para o de outras pessoas. Isso dá à existência um significado muito mais profundo. Agregar valor à vida de outras pessoas começa com apenas uma pessoa e não com uma multidão. Começa por você agregar valor àquela pessoa sentada ao seu lado no momento, seja ela amiga, conhecida, cônjuge, irmãos e assim por diante. Como um ditado; pequenas gotas de água fazem um oceano poderoso. Se todos agregarem valor a todos que os rodeiam, haverá pouco trabalho para os líderes fazerem. Você sucumbir ao recebimento de valor daqueles que o rodeiam não apenas os ajuda, mas também ajuda você. Mesmo assim, nunca vemos agregar valor aos outros como barganha. É mais um meio de ajudar o mundo e não o seu eu individual. Você nunca sabe como ou quando você irá se beneficiar disso, mas certamente irá. Não importa como agregamos valor, ele deve ser genuíno e positivamente útil.

MANEIRAS DE AGREGAR VALOR PARA OUTRAS PESSOAS

Formas de agregar valor a outras pessoas começam com você.

Conheça suas próprias habilidades primeiro. O que você é capaz de fazer. São essas habilidades que permitirão agregar valor a outras pessoas.

Comece fazendo o que você ama e aproveite. Fazer as coisas que você ama não apenas o torna melhor nisso, mas também torna o uso deles como uma ferramenta para agregar valor a uma experiência mais natural.

Seu trabalho deve ser um meio de agregar valor aos outros. Seu trabalho deve ser um holofote, caminho para dar valor à vida de outras pessoas.

Por apenas estar lá para alguém quando essa pessoa precisa é uma maneira de agregar valor à sua vida. Você faz com que eles se sintam amados. Ser amado é um valor por si só.

Faça algo que seja útil para outras pessoas em vez de você mesmo.

Em momentos de necessidade, você pode agregar valor a alguém simplesmente inspirando-o a tomar as ações necessárias.

Ajude os outros de todas as maneiras possíveis. Poderia ser tão simples quanto ajudar alguém a carregar suas compras de supermercado até a porta da casa. Ajudar é simples.

Você pode agregar valor mostrando a alguém como algo é feito ou até mesmo mostrando a eles uma maneira melhor ou mais rápida de fazer algo. Isso pode ser tão simples quanto colocar um vídeo no YouTube para ajudar alguém a agregar valor a ele mesmo.

Você também pode agregar valor fornecendo a alguém uma nova

perspectiva ou proporcionando-lhe uma ideia para ajudá-lo a se tornar um indivíduo melhor.

Um líder que faz o que deve ser feito da maneira certa agrega valor a todos ao seu redor de uma ótima maneira. Sua própria vida se torna um meio de agregar valor.

Se você tiver uma escolha entre dois ou mais caminhos, escolha sempre aquele que permite agregar o maior valor. Isso irá mantê-lo em alinhamento com o seu verdadeiro propósito na vida e, em última análise, lhe trará maior felicidade e a maior recompensa. O fracasso deve ser um incentivo para você seguir em frente. O fracasso só fará de você uma pessoa melhor. Liderança é sobre quanto valor agregamos a outras pessoas e o efeito que isso tem sobre elas.

Agregar valor à vida das pessoas faz com que pensem de maneira diferente. Uma vez que você pode influenciar com sucesso alguém para ter uma opinião melhor sobre algo, você agregou valor a sua vida. Uma pessoa que influencia alguém sempre agregará valor à vida de outras pessoas.

Ajudar as pessoas a atingir seu objetivo é uma das melhores maneiras de agregar valor à vida de outras pessoas.

RESULTADOS DE AGREGAR VALOR AOS OUTROS

Agregar valor traz alegria

Agregar valor traz de volta a humanidade

Agregar valor dá cor à vida

Agregando valor, você fica mais bem equipado para ser um líder

Agregar valor torna a vida mais significativa.

Agregar valor faz de você um melhor influenciador

Agregar valor faz você bem sucedido.

Agregar valor atrai as pessoas a querer seguir você.

Fornecer valor aos outros também dá propósito à nossa própria vida. E conhecendo as maneiras de fazer isso mais especialmente para aqueles que você ama e que estão perto de você, também agregará valor à sua própria vida. O que precisa ser feito para otimizar a agregação de valor à vida de outras pessoas é fazer com que todos os dias contem ao adicionar o máximo de valor possível. Albert Einstein disse: "uma vida vivida pelos outros vale a pena ser vivida". Isso faz da vida dos outros uma maneira de agregar valor. Agregar valor aos outros faz de você uma pessoa melhor e cada pequena forma de agregar valor conta. A recompensa de agregar valor é muito maior do que o esforço colocado em fazê-lo. Isso torna agregar valor aos outros sempre um ganho. O que você está fazendo por outra pessoa é realmente benéfico para você. A vida é estranha assim! Eu gostaria de terminar com uma citação de Brendon Burchard, ele disse que "parte da adição de valor está em ajudar as pessoas a se reconectarem com algum lado emocional de suas vidas. Em qualquer situação, traga de volta a humanidade, a emoção, a cor, o brilho, a alegria, a vibração, os tons reais da emoção humana e você chegará a um nível de agregação de valor que a maioria das pessoas jamais reproduzirá ".

LIDERANÇA E GERENCIAMENTO DE TEMPO

Para liderar, é preciso desenvolver boas habilidades de gerenciamento de tempo que sejam condizentes com um líder. A afirmação de que o tempo não espera por ninguém é um fato constante sobre a vida. O tempo não faz acepção de pessoas. Independentemente de quem você é, onde você esteve ou o que você se tornou; ele não vai esperar. O tempo desperdiçado é uma vida desperdiçada e, quando você perde tempo, nunca mais pode ser recuperado. Não importa o que possa ter acontecido com você ou quão importante o tempo extra poderia ser, ele não pode diminuir a velocidade para te esperar. Portanto, a necessidade de gerir eficazmente este tempo limitado para evitar arrependimentos. O gerenciamento de tempo só pode ser possível para um líder com visão. Sem visão, não haverá justa causa para gerir o tempo de forma eficaz. Para que um líder gerencie o tempo efetivamente, ele precisa abordar as visões mais amplas antes das idéias menores. Líderes geralmente acreditam que nunca têm tempo suficiente em suas mãos, o que é errado em todos os aspectos. O uso da tecnologia tornou o uso do tempo uma ferramenta mais produtiva do que parece. Ninguém nasceu com a habilidade de gerenciar efetivamente o tempo, é algo que todos aprendemos na vida. Daí qualquer um também pode fazer. A melhor maneira de ser produtivo é dando conta do seu tempo. Você também pode ser mais produtivo resolvendo seu problema com o gerenciamento eficaz do tempo e dedique mais tempo para atingir suas metas.

Quando você aprende a usar o tempo de forma mais eficaz, sua vida começa a correr mais suavemente sem qualquer falha. É tão errado de nós pensar que podemos economizar tempo. O tempo não pode ser criado, ele é executado a uma taxa fixa todos os dias. Ninguém pode realmente aprender a administrar o tempo, tudo o que nós mesmos administramos e o que fazemos no tempo que temos. Um líder que se concentra mais no resultado necessário, em vez de no que fazer, geralmente encontra melhores resultados realmente ocorrendo. O caminho que tomamos é muito mais importante do que a rapidez com que estamos alcançando nossas visões em alguns aspectos da liderança. Uma das habilidades mais importantes na área de gerenciamento de tempo é a habilidade de definir com precisão uma meta e segui-la em ordem de precedência. A ordem de precedência é uma avaliação de quão importante é um objetivo em detrimento de outro.

Estabelecer prioridades sobre o que você faria seria criar uma lista de como algumas coisas são importantes umas sobre as outras. Uma vez que esta lista tenha sido feita em sua ordem de importância e necessidade, torna-se mais fácil gerenciar seu tempo de forma eficaz. O planejamento ficou mais fácil com a tecnologia, muitos aplicativos para dispositivos móveis agora mantêm guias para você sobre o que deve ser feito. O telefone celular hoje em dia é a coisa que sempre temos conosco em todos os momentos, sempre por perto, tornando-o um planejador adequado. A tarefa de aplicar melhor nosso tempo cresce cada vez mais à medida que assumimos mais tarefas e papéis de liderança da vida.

A seguir, exemplos do que um líder pode fazer para gerenciar seu tempo de forma eficaz:

Aprender a gerenciar o processo de tomada de decisão, não as decisões em si.

Concentrar-se em fazer apenas uma coisa por vez.

Desenvolver uma mentalidade para ter sucesso com seu tempo.

Esteja ciente de sua visão em todos os momentos.

Planejar metas diárias, de curto e longo prazo.

Identificar e conectar suas prioridades.

Jogar fora as coisas supérfluas desnecessárias.

Estabelecer prazos pessoais para cada meta e aderindo a eles.

Não desperdice o tempo de outras pessoas para não desperdiçar o seu também.

Manter calendários precisos e ficar com eles.

Saber quando parar uma tarefa, política ou procedimento.

Delegar apenas o possível.

Reserve tempo para refletir.

Usar listas de verificação e listas de tarefas.

Ajustar prioridades como resultado de novas tarefas.

Regras para ajudar a gerenciar o tempo efetivamente

Comece agora: O que vale a pena fazer é o que está indo bem. Se você sente a necessidade de administrar seu tempo efetivamente, acredito que você comece o seu dia com o primeiro ritual matinal que é acordar cedo. Depois que você quiser fazer algo, basta começar imediatamente. A procrastinação é o ladrão do tempo.

Tenha uma rotina para guiá-lo: Aderir a uma rotina pode parecer um obstáculo para ser criativo, mas depois aderir a uma rotina em particular mantém você abordado com essa rotina depois de um período de tempo, tornando mais fácil e eficiente o tempo para executar essas rotinas mais tarde em. Quando você se acostuma a fazer algo, torna-se mais conservador enquanto você continua.

Não assuma muitas tarefas ao mesmo tempo: assumir muitas tarefas ao mesmo tempo não ajudará você a gerenciar seu tempo de forma eficaz. Conclua uma tarefa de cada vez: Iniciar uma tarefa é muito fácil, mas para finalizar é o que é importante. Deixar tarefas quase completas só ajudará a desperdiçar mais tempo ao recolhê-la mais tarde. Comece uma tarefa e termine de uma vez por todas.

Não se comprometa com tarefas triviais, não importa o quanto elas estejam à frente: comprometer-se com uma tarefa antes do tempo também não é uma maneira de gerenciar seu tempo com eficiência, uma por vez, diariamente, para torná-lo mais eficiente. Não importa o quanto esteja à frente, ainda vai demorar o mesmo tempo.

Divida grandes tarefas - Grandes tarefas devem ser fragmentadas em objetivos menores. Ao formar pequenos objetivos gerenciáveis, a tarefa maior será eventualmente realizada. Além disso, usando uma abordagem fragmentada, você será capaz de ajustá-la melhor em sua agenda agitada.

Atribuir tempo a si próprio para cada atividade: atribuir tempo a cada tarefa ajudará a controlar todas as tarefas em que você embarcar. Isso exigirá algumas estimativas, mas suas estimativas melhorarão com a prática. Isso permitirá que você e outras pessoas programem melhor as atividades.

Planeje suas atividades: O planejamento é uma maneira eficaz de gerenciar seu tempo de forma eficaz, dando a você a estimativa de como será seu dia.

Nunca procrastine: o que precisa ser feito, deve ser feito imediatamente. Deixá-lo para mais tarde só vai perder o seu tempo ainda mais.

Sua lista de tarefas deve ser a mais curta possível. Qualquer atividade ou conversa que seja importante para o seu sucesso deve ter um tempo atribuído a ela. Planeje gastar pelo menos 50% do seu tempo envolvido nos pensamentos, atividades e conversas que produzem a maior parte dos seus resultados. Planeje interrupções para que, quando isso acontecer, elas não consumam profundamente seu plano e desperdicem seu tempo.

Lembre-se de que é impossível fazer tudo para que você não se intimide quando não o fizer. A prática leva à perfeição.

OS RITUAIS SÃO OS SEGUINTES

Acordar cedo

Lembro-me de um ritmo que usamos para cantar quando eu era criança. Diz "cedo para a cama, cedo para se levantar; faz um homem saudável - saudável e forte ". Isso aponta para o fato de que acordar cedo depende do fator de dormir cedo. O sono é um processo corporal importante que nos ajuda a funcionar adequadamente. A natureza tem que tomar o devido curso de você dormir cedo para que você possa acordar cedo. Depois de muito tempo sem fazer isso, todo o sistema do corpo vai querer uma pausa. Acordar cedo é sinônimo de uma via de mão única, que tem maiores vantagens e nenhuma desvantagem. Acordar cedo lhe dá mais tempo para limpar sua mente. Também dá espaço para mais tempo para fazer as atividades extras que você adora fazer. Acordar cedo dá a você tempo suficiente para realizar todos os seus rituais matinais, o que torna o despertar precoce a primeira e mais importante tarefa da rotina ritual matinal. A fisiologia humana está programada para funcionar mais nas primeiras horas do dia. Embora você encontre algumas pessoas que se tornaram seres humanos noturnos, é tudo devido a um fator ou outro. Acordar cedo mantém sua mente alerta durante todo o dia, utilizando cada minuto ao máximo.

Acordar cedo e aproveitar ao máximo as suas manhãs faz com que você tenha a melhor vida possível.

Exercício

Dizem que saúde é riqueza. O exercício é o caminho para manter a forma física e a saúde. Uma melhor saúde e força torna você mais confiante em si mesmo. Exercício funciona reduzindo o nível de cortisol no corpo que é o principal contribuinte para a maioria das doenças. O exercício aumenta nossa saúde e vitalidade. O exercício geralmente faz nosso corpo funcionar de maneira mais apropriada. Quando começamos o nosso dia com exercícios, estamos prolongando nosso tempo de vida, o que dá mais tempo para ser bem sucedido em qualquer coisa que você esteja fazendo. O exercício leva você à realidade de que o dia começou. Exercício nos permite livrar-se de nossas toxinas do corpo pela transpiração. Também permite que as nossas articulações, ligamentos e músculos fiquem relaxados, preparando-nos para os nossos eventos do dia-a-dia. O exercício faz com que você fique mais relaxado para começar o dia. A manhã é a melhor hora para o exercício, porque dá pouco espaço para interrupções e sua mente pode se concentrar melhor na manhã. O exercício é uma ótima maneira de aquecer seu corpo e funcionar durante todo o dia.

Planeje o seu dia

Quando você não planeja, falha. Isso mostra o quão importante é planejar para ter sucesso na vida. A melhor maneira de começar um dia é identificar tudo o que precisa ser feito naquele dia. Para que seu plano funcione de maneira eficaz, você deve colocar seus planos mais importantes em ordem. Isso ajuda você a priorizar e gerenciar seu tempo de forma eficaz. Quando você põe seu plano em prática, ele lhe dá um suporte estrutural para tudo que você precisa fazer. Anotar seus objetivos ajudará você a expressá-los, tornando-os mais realistas. Da mesma forma, esses objetivos se espelham de volta em sua mente subconsciente, fortalecendo-os e colocando-os em seu coração até que se tornem realidade.

Tenha um diário

Manter um diário tem inúmeras vantagens. Isso ajuda você a conhecer e se orgulhar de seu trabalho manual. Manter um diário ajudará a aumentar sua confiança, auto-estima, fazer você feliz e dar-lhe motivo para manter a corrida para ter sucesso. Seu diário também pode funcionar para manter o controle de todas as novas idéias e, no entanto, uma vez que elas surjam em sua mente, que geralmente acontecem no início da manhã. Seu diário pode funcionar como seu parceiro durante o curso da meditação.

Medite para limpar sua mente.

A meditação é uma necessidade para ajudar a clarear nosso processo de pensamento. Fazer isso de manhã cedo torna-o mais produtivo. A meditação leva você ao estado de espírito correto e mantém você concentrado no que precisa ser feito para ter sucesso. Meditação por si só tem um grande e inegável poder curativo que surge através de você e faz você ver as coisas de forma diferente. A meditação nos permite pesar nossas opções e nos dá uma opinião melhor sobre a vida. A meditação nos coloca em outro mundo e neste mundo começamos a desvendar as realidades de nossas vidas e sentir a energia interior dentro de nós. Essa energia dá ao nosso plano diário uma visão melhor, assim como nossos objetivos de vida em geral; por meio disso nos fazendo obter sucesso. A música pode ajudá-lo a ter uma mente clara para poder meditar. E a música por si só cura o seu corpo, alma, espírito e faz com que você seja completo.

Aprecie quem você ama

O amor é o melhor para todas as emoções e sentimentos. Apreciar aqueles que você ama os mantém. Apreciar alguém que você ama dá sentido à vida e faz com que você aprecie tudo sobre a vida. O amor faz a vida valer a pena. Ser bem-sucedido só pode ser totalmente apreciado quando você tem alguém com quem adora compartilhar o sucesso. Aprecie o amor, aprecie seus entes queridos e aprecie a vida.

Nunca pule o café da manhã

O café da manhã parece a refeição menos importante do dia, mas não é assim. Acontece que é a refeição mais importante do dia. É o combustível que leva você a cada dia. Esta refeição serve para fornecer-lhe todo o necessário para viver por muito tempo em boa saúde. O café da manhã pode parecer desnecessário, mas isso pode ser corrigido, é tão importante quanto o próprio sono. Não importa quão pequeno o seu café da manhã possa ser, você tem que comê-lo. O café da manhã serve para evitar que você tenha fome, porque quando não absorvemos qualquer coisa na parte da manhã, nós tendemos a nos perder por este meio esquecendo completamente a necessidade de comer quando necessário. Mas com o café da manhã você tem o nutriente necessário para continuar até que você possa fazer uma pausa do trabalho.

Conclusivamente, as manhãs são a representação de um novo começo, um começo sobre o qual as torna significativas. É por isso que os rituais matinais são muito significativos porque são uma função de como nosso dia inteiro será. Esses rituais da manhã determinam como seu dia terminará positiva ou negativamente. A vida funciona melhor com um plano, por isso o ritual da manhã é benéfico. Como você começa todos os dias na vida é muito importante. Aproveitar ao máximo a sua manhã é muito importante para ter sucesso, eles ajudam a determinar como será o resto do seu dia. Aproveitar ao máximo sua manhã ajuda você a estabelecer as bases para se tornar bem-sucedido, tanto como líder quanto como indivíduo na vida. Como você começa seu dia é como você começa sua vida. Comece bem!

CONCLUSÃO

Ter sucesso como líder só depende de você. Inspire e motive as pessoas. Use-se como a principal ferramenta para influenciá-los. Liderança pode ser adquirida. Colocar um esforço nisso traz sucesso. Para um líder ter sucesso, eles precisam criar um ambiente que seja confiável, colaborativo, aberto e amigável. Com isso, o líder obtém a resposta necessária para facilitar seu sucesso. Um líder de sucesso ajuda as pessoas a ver como sua ideia se encaixa em sua própria visão e como elas são importantes como parte de seu sucesso. Um líder que tenha encontrado o caminho para se tornar um grande indivíduo sempre encontrará sucesso à espreita em cada esquina.

Essas citações dizem tudo.

De Peter Druker "a administração é fazer certo as coisas; a liderança é fazer as coisas certas." e Ray Croc disse que "a qualidade de um líder é refletida no padrão que ele estabelece para si mesmo".

Quando você está totalmente preparado para liderar, você está fadado ao sucesso.

www.ingramcontent.com/pod-product-compliance
Lightning Source LLC
Chambersburg PA
CBHW071234020426
42333CB00015B/1461